AF201994

d

FREIZEIT
MIT
LORIOT

DIOGENES

Herausgegeben von Susanne von Bülow, Peter Geyer, O A Krimmel
Buchgestaltung: i_d buero
Barcodegestaltung: Katharina Seebacher/Our Art Is Ltd.
Alle Rechte vorbehalten
Copyright © 2019
Diogenes Verlag AG Zürich
www.diogenes.ch
20/23/68/2
ISBN 978 3 257 02169 1

VOM BASTELN
UND VOM ZAUBERN

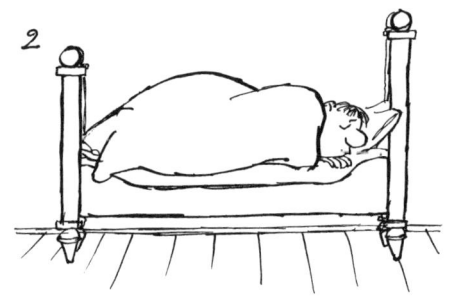

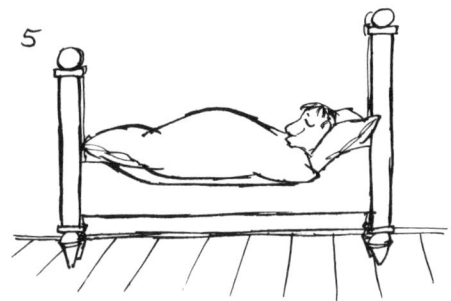

FALSCH RICHTIG

Vor und nach den Mahlzeiten ist der Esstisch die ideale Arbeitsstätte für raumbeschränkte Bastler. Das Abnehmen des Tischtuches (PFEIL) hat sich als zweckmäßig erwiesen.

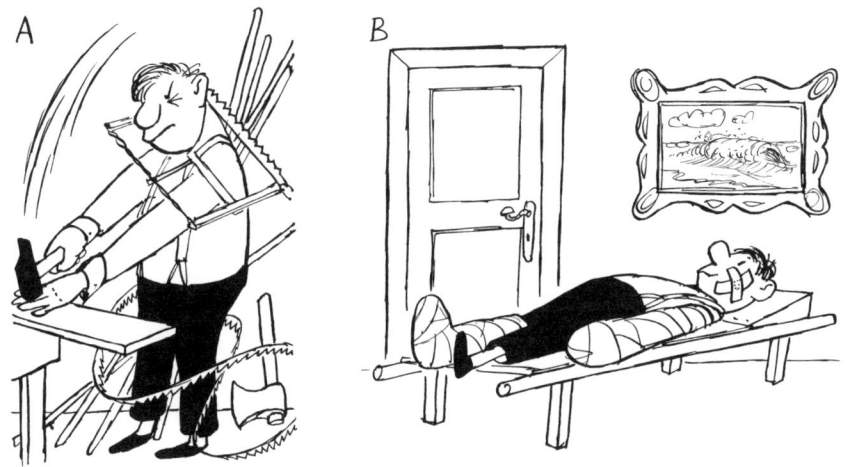

Kluge Bastler haben stets die praktische Verwendbarkeit des Werkstückes im Auge.

A: Der Heimschreiner während der Arbeit
an einer tragbaren Liege.
B: Derselbe nach Vollendung derselben.

Das Basteln von Schiffsmodellen ist Ausdruck familiärer
Friedlichkeit. Der abgebildete Bastler, ein Herr Schröder
aus Wimpfen a. N., ist allerdings bei der Fertigstellung
des in Angriff genommenen Modells auf unvorhergesehene
Schwierigkeiten gestoßen.

1

2

3

4

5

6

Ein beliebter Salontrick, zu dem Sie keinerlei Vorkenntnisse
benötigen. Um Unannehmlichkeiten zu vermeiden, empfiehlt
es sich jedoch, das Einverständnis der betreffenden Dame
und eine Genehmigung der Kriminalpolizei einzuholen.
Merke: *Nur saubere Säge verwenden.*

FALSCH  RICHTIG

Der in weiblichen Kreisen verbreitete Trick, Herren Geld aus der Nase zu ziehen, wurde von der Dame links offensichtlich missverstanden, während ihre Kollegin denselben in zauberhafter Vollendung beherrscht.

RICHTIG   FALSCH

Das Hervorzaubern von Tieren aus Zylinderhüten ist eine immer wieder dankbare Unterhaltung. Es empfehlen sich Kaninchen. Ungewöhnliche oder abstoßende Tiere wirken weder unterhaltsam noch niedlich.

Schwierige Experimente unter Verwendung von Zuschauern
sollten nur mit perfekten Sachkenntnissen begonnen werden.
Das Vergessen wichtiger magischer Formeln wird von den
Betroffenen nicht als unterhaltsam empfunden.

Durch das magische Verschwindenlassen von Uhren und
Schmuck gestaltet sich der Abend für Ihre Gäste zu einem
unvergesslichen Erlebnis.

3

4

GESELLSCHAFTSSPIELE

»Ich bin eine historische Persönlichkeit mit N –
aber mehr sag ich nicht.«

»Die spielen ja immer noch ›Mensch ärgere dich nicht‹!«

»O Verzeihung, gnädige Frau!«

»Das Reizvolle ist die Ungewissheit …«

»Wir müssen raten, wer das ist …!«

Der mittlere Herr beherrscht weder die Regeln des Kartenspiels noch die Mischtechnik perfekt. Es empfiehlt sich, nur weiterzuspielen, wenn Sie dringend darum gebeten werden.

Es gibt Gesellschaftskreise, in denen die dort stattfindenden Belustigungen nicht mit der äußeren Würde des Hauses zu vereinbaren sind. Von diesen gilt es, sich fernzuhalten, auch wenn Sie schwerwiegende geschäftliche Nachteile in Kauf nehmen müssen.

»Pfänderverleihen« ist ein besonders in Norddeutschland
verbreitetes Steckenpferd wohlhabender Kreise. Auch die kühle
Anfangsstimmung der abgebildeten privaten Hamburger
Abendeinladung (A) weicht im Verlauf dieses launigen Gesell-
schaftsspieles einer knisternden erotischen Atmosphäre (B).

Eine entzückende winterliche Unterhaltung für Alt und Jung ist das »Eiszapfenspiel«. Bei leichtem Frost und mit etwas Geduld lassen sich in verhältnismäßig kurzer Zeit erstaunliche Ergebnisse erzielen. Unsere Abbildungen zeigen ein Nürnberger Ehepaar nach zweieinhalbstündiger (A) und etwa achtstündiger Spieldauer (B).

WENN DIE KUGEL ROLLT

»Verzeihung – wo geht es hier zu den Spielsälen?«

»Meine Frau sagt, jeder richtige Spieler
sprengt einmal die Bank.«

»Genug für heute!«

»Dort finden Sie alles, was Sie brauchen …«

»Entschuldigen Sie,
aber ich bin mit der Dame verlobt!«

FALSCH   RICHTIG

Hohe Verluste beim häuslichen Roulettespiel veranlassen Verlierer häufig, den Bankhalter zu erschießen. Von dieser Unsitte kann nicht genug abgeraten werden. Als Gentleman treten Sie, um den Spielverlauf nicht zu stören, zwei Schritte vom Tisch zurück und erschießen sich dezent. Sonst werden Sie nie wieder eingeladen.

TIPPS FÜR KOSTÜMFESTE

Aus der Mode gekommen ist der ›Seiltänzer‹, jene einst so beliebte Verkleidung. Die Tatsache, dass heute bei Kostümfesten pro Quadratmeter Lokalfläche drei Eintrittskarten verkauft werden, scheint diese Entwicklung beschleunigt zu haben.

So verführerisch das Kostüm
›Venus‹ auf den ersten Blick
auch erscheinen mag – wir
geben zu bedenken, dass Sie
nicht immer beide Hände
frei haben werden. Auch ist
das Mitführen der Säule
für viele noch ungewohnt.

Kein Herr sollte auf die
Scherznase verzichten,
sie stößt zwar mitunter
anfänglich auf Befremden,
löst dann aber zügellose
Heiterkeit aus.

Die Maske ›Mimikry‹ ist zwar eine der amüsantesten Neu-
erscheinungen der diesjährigen Faschingssaison, setzt aber
genaueste Ortskenntnis der Festräume voraus. Je weniger
man Sie bemerkt, desto großartiger waren Sie!

Die Frage, wie man aus einem Frack mit wenigen Handgriffen ein freches Kostüm zaubert, wird auf ebenso überraschende wie wirkungsvolle Weise gelöst. Bei geliehenen Stücken sicherheitshalber Besitzer fragen.

RICHTIG

FALSCH

Sehr beliebt ist das ›Eselskostüm‹. Die beiden obigen Abbildungen
zeigen, wie man sich darin zu bewegen hat und wie man es
nicht tun darf. Merke: *Auch der Hintere muss im Besitz einer gültigen
Einlasskarte sein!*

TANZVERGNÜGEN

FALSCH

RICHTIG

Bei der Partnerwahl steht Sympathie erst an zweiter Stelle. Auch wenn der links gezeigte Herr Ihnen gern in die Augen sieht, hat er nicht so viel davon, wie Sie denken.

Selbst bei starker Erhitzung und anspruchsvoller Unterkleidung
verstößt es gegen die gegenwärtig geltenden Sitten, während
des Tanzes ohne weiteres den Oberkörper ganz oder teilweise frei
zu machen. Man warte vielmehr, bis der Hausherr hierfür das
Zeichen gibt. Nur so sind äußerer Rahmen und gesundheitliche
Erfordernisse garantiert. (Das gilt nur für Herren.)

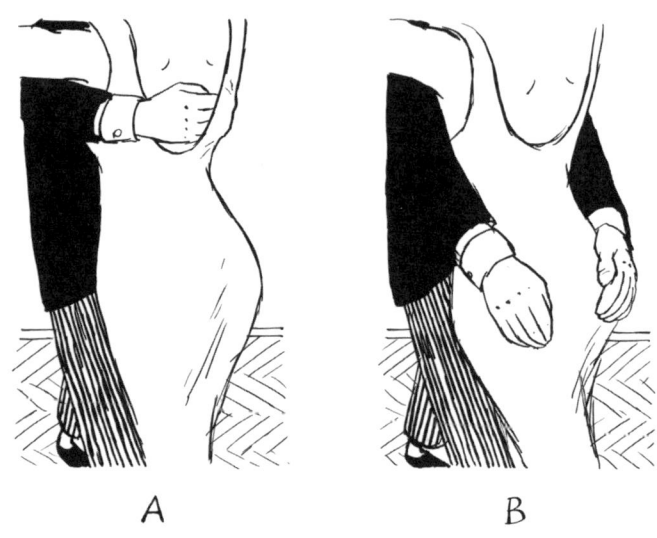

A   B

In der Frage, wo beim modernen Gesellschaftstanz die rechte Hand des Herrn zu liegen hat, gehen die Ansichten auseinander. Es kann jedoch so viel gesagt werden, dass es sich bei ABB. A um einen Missgriff handelt, der unter Gebildeten als weder korrekt noch komisch gilt. Bei ABB. B ist mit Sicherheit anzunehmen, dass die Partner sich duzen.

Temperamentvolle Soloeinlagen lockern Abende auf,
die förmlich zu werden drohen, und machen Sie bald zum
beliebten Mittelpunkt gesellschaftlicher Veranstaltungen.
Es ist anzuraten, Ihre Dame vorher von Ihrer Absicht zu
informieren.

THEATERSAISON

Wertvolle Menschen gehören auch beim Einkauf von Theater-
karten an die Spitze. Überwinden Sie Beklommenheit und
Angst vor der Masse (A). Gelegentliche kränkende Zurücksetzungen
(B) sollten Sie nicht mutlos in Ihrem Streben machen.
Merke: *Viel Feind – viel Ehr!*

FALSCH: Ein lauter zügelloser Husten schmälert den allgemeinen Genuss am großen Sinfoniekonzert.
RICHTIG: Durch rasches Ersticken des Anfalls beweisen Sie Ihrem unbekannten Nachbarn Kunstverständnis und Geistesgegenwart.

FALSCH   RICHTIG

Niemand kann Ihnen eine Mahlzeit während der Vorstellung
verwehren. Das Auswickeln von Broten und Süßwaren verursacht
störendes Knistern. Warme Tellergerichte dagegen sind nicht
nur bekömmlicher, sondern auch geräuscharm einzunehmen.

FALSCH   RICHTIG

Auch im Konzertsaal brauchen Sie nicht auf Entspannung zu
verzichten. Während das Verhalten des linken Herrn anstößig
wirken könnte, schläft der Herr rechts in vornehmer Distanz.

Nach wissenschaftlichen Erkenntnissen schlafen Frauen
schwerer und später ein als Männer.

HAUSMUSIK

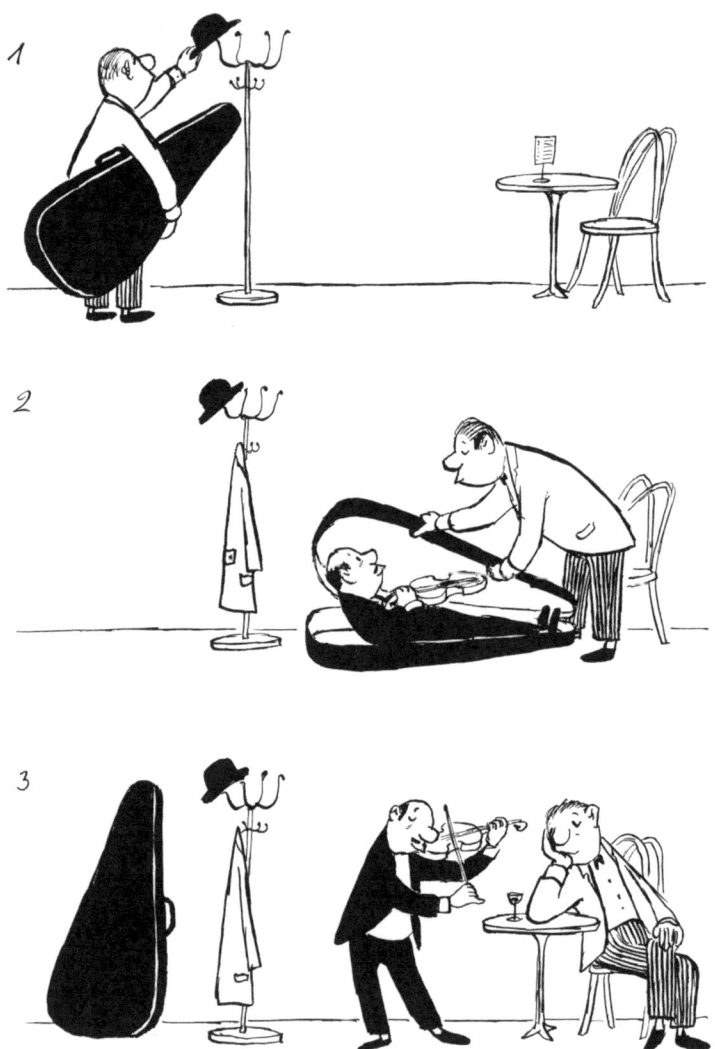

Die Trompete ist eingerollt (A) leicht transportabel, auseinander-gerollt (B) ein formschöner Helfer kulturfreudiger Kleingarten-besitzer.

Das Problem des Konzertflügels (A) liegt in seinen stattlichen Ausmaßen. Handlich zerlegt (B) wirkt er auch im Rahmen des sozialen Wohnungsbaus kaum noch störend.

Die Überreizung des modernen Menschen durch Film, Funk und
Fernsehen hat allgemein zu besorgniserregender Oberflächlich-
keit geführt. Nur durch regelmäßige Pflege deutscher Hausmusik
finden wir zum echten künstlerischen Erlebnis zurück. Die oben-
stehende Abbildung zeigt die Wiener Philharmoniker im Wohn-
zimmer eines Flensburger Ehepaares, welches das bekannte
Orchester zum Spiel der *Ungarischen Rhapsodie* (zweimal pro
Woche) verpflichtete.

FERNSEHEN
IN EIGENER REGIE

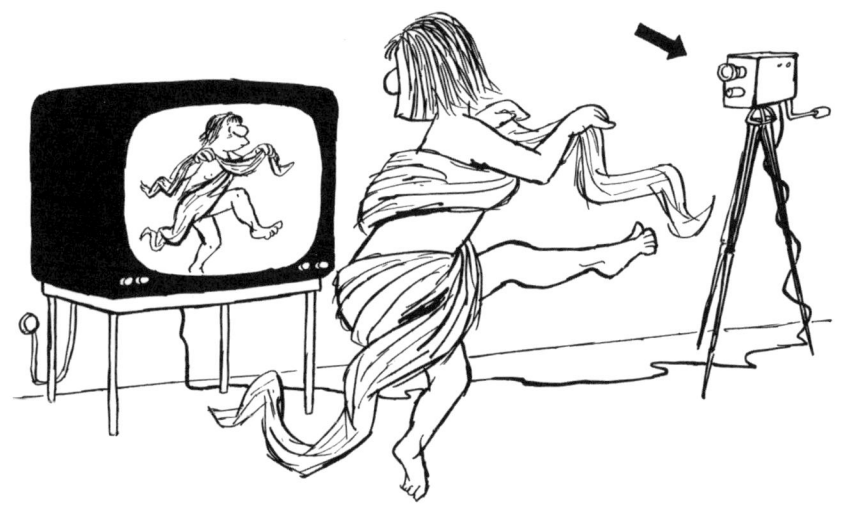

Programmgestaltung nach persönlichem Geschmack ist nun kein leerer Wunschtraum mehr. Die Fernseh-Heimkamera (PFEIL) ermöglicht Ihnen ganztägige künstlerische Eigenproduktion von gleichbleibendem Niveau.

Die Installation hochwertiger Beleuchtungs- und Tonanlagen verleiht der Sendung den letzten Schliff und Ihrem Heim eine zeitgemäße, wohnlich-technische Nestwärme.

Die Vielseitigkeit des Aufnahmegerätes erweist sich auch in der nächtlichen Beobachtung unersetzlicher Wertgegenstände vom Bett aus. Das unbestechliche Auge der Kamera vermittelt Ihnen einen Bildbericht von erregender Aktualität über das Schicksal Ihrer Kostbarkeiten.

Erst durch telegene Vervollkommnung in eigener Regie verdient
ein primitives Naturerlebnis das Prädikat »Besonders wertvoll«.

AUF EMPFANG

Nach eingehender Besichtigung der Berliner Funkausstellung
stellte W. C. Poppe unter anderem fest: »Sehr ordentlich,
jedoch ohne Befriedigung der Kreise, die das Außergewöhnliche
bevorzugen.« Um dieser empfangsfreudigen Spitzengruppe
entgegenzukommen, präsentiert die Firma Poppe & Co.
vier Qualitätsgeräte eigener Konstruktion. →

Als technische Großtat muss die Entwicklung der formschönen
Zusatzantenne ›Pop/II‹ bezeichnet werden. Jedes (auch veraltete)
Fernsehgerät empfängt mit dieser Neukonstruktion der Firma
Poppe & Co. mühelos alle Fernsehprogramme der Vereinigten
Staaten, Europas, Australiens, Asiens und Afrikas. Die Abbildung
zeigt W. C. Poppe beim Empfang einer chinesischen Unter-
haltungs-Sendung.   →

Das Ermangeln einer repräsentativen Luxus-Musiktruhe für
Wandern, Reise und Sport wurde (besonders in wohlhabenden
Kreisen) immer häufiger bedauert. Das Poppe-Modell ›Meister-
singer‹ in Original-Chippendale mit Fernseh-, Rundfunk-,
Platten- und Tonbandteil (A) sowie dem Batteriesatz (B) erfüllt
die kühnsten Wünsche einer Oberschicht, die sich trotz
exklusivster Lebensform die natürliche Liebe für Musik und
Fußmärsche erhalten hat. →

Herkömmliche Diktiergeräte können bei sensiblen Direktoren durch das Fehlen des persönlichen Kontaktes zu Arbeitsunlust und frühem Altern führen (A). Das neuartige Diktiergerät ›Poppeia‹ (B) befriedigt alle Ansprüche der an weibliche Mitarbeit gewöhnten leitenden Herren, die auf Intimsphäre nicht verzichten wollen.

1: Mikrophon   3: Magnetophonspule
2: Ein–Aus   4: Stativ →

Die ständige Vernachlässigung heimeigener Geräusche gibt zu ernster Besorgnis Anlass. Poppes Original-Raumton-3D-Verstärker garantiert die natürliche Wiedergabe aller Geräusche im eigenen Heim. Als einziges Gerät seiner Art überträgt es auf Wunsch jedes Heimgeräusch in Superstereo und beliebiger Lautstärke. Die technische Verwirklichung dieser Idee galt bisher als ausgeschlossen.

MITTEL GEGEN KINOFLUCHT

Besondere Sorgfalt erfordert die psychologische Ausbildung des Personals. Die vielseitig geschulte Platzanweiserin verhilft unentschlossenen Passanten auf unwiderstehliche Weise zu ein paar schönen Stunden und dem Theaterbesitzer zu einem vollen Haus.

Immer wieder werden Kinobesucher durch die aufdringliche Größe der Leinwand verschreckt (A). Die Einführung des bewährten Bildschirmformates hingegen böte bei vornehmer Distanz das vertraute Gefühl häuslicher Geselligkeit (B).

Eine Revolutionierung in der Kinobestuhlung führt selbst
trägere Bevölkerungskreise wieder der Filmindustrie zu.
Bei gleichmäßiger Durchblutung aller Körperteile erscheinen
sogar durchschnittliche Streifen deutscher Produktion
durchaus erträglich.

Zielbewusste Filmproduzenten sichern sich die Mitwirkung im Außendienst erfahrener Kräfte. Eine gut eingespielte Arbeitsgemeinschaft wird pro Nacht bis zu fünfundzwanzig Familien wieder zu regelmäßigem Kinobesuch anregen.

AUF DER AUKTION

»Sehen Sie, es funktioniert, gnä' Frau.«

»Und nun der linke – zwei Euro zum Ersten …!«

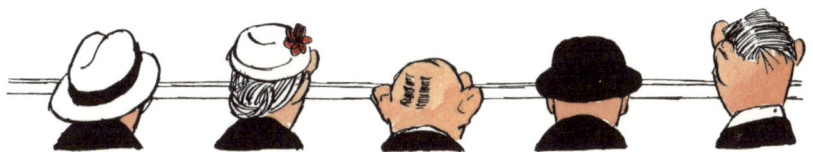

»Also meinetwegen sechs Euro fünfzig – zum Ersten …
zum Zweiten … Dritten … Vierten … Fünften …«

»Nichts Besonderes dabei diesmal …«

»Verschenken kann man's ja immer noch!«

AUF SPORTLICHEM GEBIET

In Wimbledon verlor Klaus Pollmann (LINKS) trotz spielerischer
Überlegenheit den entscheidenden Satz.

Auch Sie können im Hochsprung Leistungen erzielen, die auf-
horchen lassen. Ich entwickelte in jahrelanger Arbeit ein Erfolgs-
system, durch das in breitesten Volksschichten Sprunghöhen
von 1,50 Meter (und darüber) alltäglich geworden sind.

Noch heute schlagen sich primitive Anhänger des Boxsports
ins Gesicht, um den Sieger zu ermitteln (**A**). Kluge Faustkämpfer
überzeugen ihren Gegner auf geistigem Wege von der Sinn-
losigkeit gewaltsamen Widerstands (**B**).

Auch bei Schwimmwettkämpfen entscheidet oft nur eine Kleinigkeit über Sieg und Niederlage. Merke: *Glück hat auf Dauer nur der Tüchtige.*

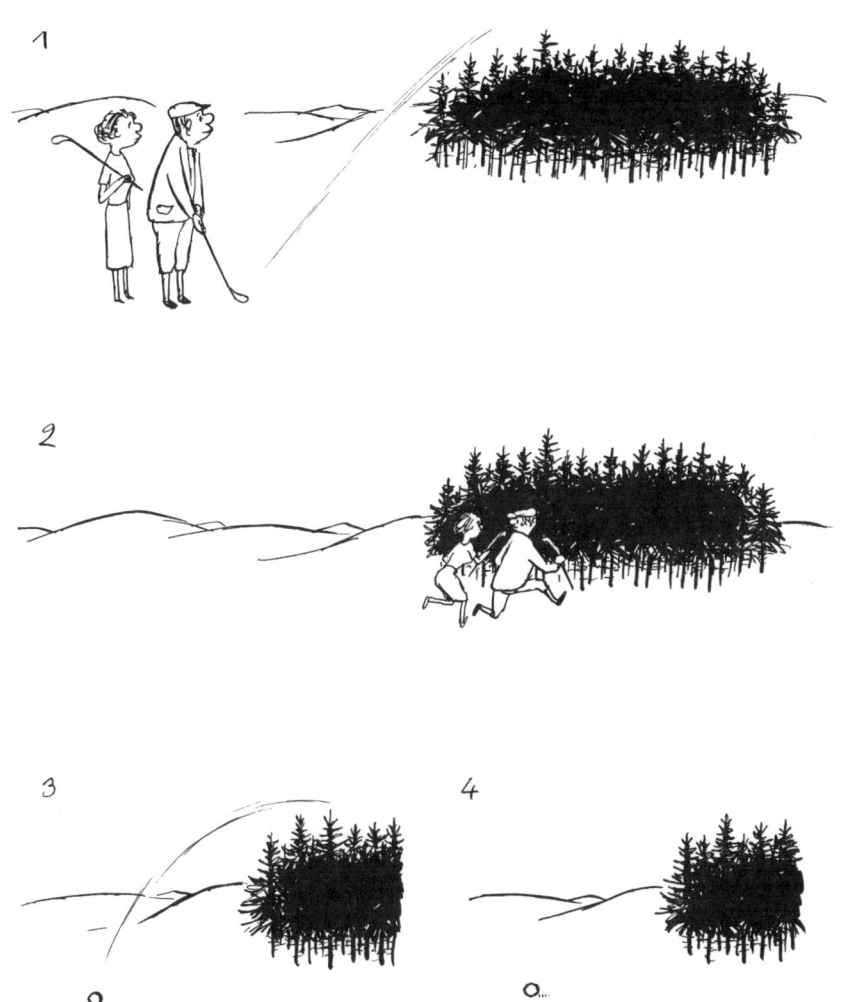

IMMER AM BALL BLEIBEN

»Ich habe ja gesagt, du sollst dich nicht einmischen, Erna …«

»Es ist gar nicht so schwer reinzukommen, wie ich dachte …«

Unerwünschtes Eingreifen des Schiedsrichters ist eine der lästigsten Erscheinungen beim Fußballsport. Erfahrene Nationalspieler lösen dieses Problem ebenso einfach wie wirkungsvoll.

Für eine ehrgeizige Mannschaft bildet der gegnerische Torwart oft ein ernstes Hindernis. Nach Ausschaltung desselben (A) lässt sich dagegen das Leder (B) mühelos einschieben.

Am eigenen Tor (PFEIL) genügen nur geringfügige Korrekturen, um mit größter Wahrscheinlichkeit zu erreichen, dass der Gegner auch nicht ein einziges Tor erzielt.

Nur in verzweifelten Fällen greift ein fairer Fußballer zur
Sabotage am feindlichen Beinkleid. Diese Methode ist zwar
sicher, doch umstritten.

Die vorbildliche Rasenpflege auf dem Platz der Husumer Kickers garantiert immer wieder Spiele von ungewöhnlichem Reiz und überraschendem Spielverlauf.

Das Deutsche Fernsehen begann programmgemäß erst
3 Minuten nach diesem einmaligen Ereignis mit der
Übertragung.

Für Endkämpfe um die Deutsche Fußballmeisterschaft hat sich eine Spielart bewährt, die bei geringen Unkosten große Schnelligkeit mit äußerster Fairness verbindet.

Das Wochenende stand wie immer im Zeichen erregter Ausein-
andersetzungen in der Bundesliga. Bedeutendstes Ereignis war
der 1:0-Erfolg des VfB Bredenbeck gegen die Neustädter Löwen.
Erst nach einer umstrittenen Entscheidung des Pinneberger
Schiedsrichters Gustav Lämmle (PFEIL) in der 22. Minute erreichte
das Spiel hervorragendes Bundesligaformat.   →

Kurz vor Ende der ersten Halbzeit kam es durch ein Miss-
geschick des rechten Verteidigers der Neustädter Löwen zu
einer Spielunterbrechung von 8 Minuten.   →

Millionen am Bildschirm verfolgten die eindrucksvolle Leistung
der berühmten Läuferreihe des VfB Bredenbeck. →

Das spielentscheidende Tor fiel in der 84. Minute durch einen
Kopfball vom Linksaußen Willi Dombrowski (PFEIL).

REISEN FÜR DEUTSCHLAND

Den deutschen Touristen machte auch in diesem Jahr seine feine, zurückhaltende Art zum Liebling des Auslandes. Die Firma Poppe & Co. war an den Zielorten deutscher Urlaubssehnsucht monatelang bemüht, diese nationale Sonderstellung durch ständige, unentgeltliche Belehrung deutscher Nachwuchsurlauber weiter zu steigern. →

Deutsche Gäste entzücken im Ausland seit je durch Beschei-
denheit und gute Manieren. In diesem Sinne wurde eine noch
ungeschulte Ulmer Hausfrau durch W. C. Poppe (RECHTS)
eingehend belehrt. Bei ihrer ersten Mahlzeit an der Costa Brava
ließ dieselbe taktvoll durchblicken, dass sie Schnittbohnen
daheim anders zubereite.   →

Deutsche Urlauber gelten als die bestangezogenen Urlauber der Welt. Um diesen Ruf zu wahren, halfen die Herren Poppe und Brammel unsicheren Jungurlaubern vor dem Betreten römischer Museen und Gedenkstätten beim Anlegen der berühmten, luftigen deutschen Freizeitkleidung. Merke: *An kühlen Tagen Schuhe tragen!* →

Deutscher Sportsgeist und rheinische Lebensfreude verschaffen
unseren Touristen die warme Zuneigung ihrer europäischen
Nachbarn. Zur weiteren Vertiefung der deutsch-französischen
Freundschaft beriet Fräulein Kleinschmitt (LINKS) auf den
Champs-Elysées in Paris eine Düsseldorfer Reisegruppe in
Fragen der körperertüchtigenden Freizeitgestaltung. Fräulein
Kleinschmitt wirkte ähnlich völkerverbindend bereits in
Kopenhagen, Bagdad, Istanbul, Warschau, Tokio, Kalkutta
und Innsbruck. →

Nicht zuletzt ist das disziplinierte Auftreten der deutschen Feriengäste der Grund für ihre Beliebtheit im Ausland. Als Krönung der diesjährigen Saison gelang es der Firma Poppe & Co., die gesamte deutsche Urlauberschaft täglich zum gemeinsamen Betreten des Badestrandes zusammenzufassen.